小兔子
學賺錢

文·圖 辛德絲·麥克勞德 Cinders McLeod

譯 顏銘新

獻給安雅，能獨立
又讓我驕傲的小可愛。

作者·繪者｜辛德絲·麥克勞德 Cinders McLeod

插畫家、歌手、作曲家，同時也是低音提琴樂手。辛德絲曾長期為英國《格拉斯哥先驅報》創作社會諷刺漫畫專欄《Broomie Law》，也為許多兒童刊物、商業廣告及國際知名媒體如英國《衛報》與加拿大廣播公司等繪製插畫。她的作品曾獲世界報紙設計協會、加拿大國家報紙獎等多項肯定。現今居住在加拿大多倫多。想更了解辛德絲，可以造訪她的網站：moneybunnies.com和lcindersmcleod.com。

譯者｜顏銘新

賺錢：曾在兒童書店、金融機構和科技公司努力掙錢。
花錢：在圖畫書和青少年小說花了很多錢。
存錢：想看更多的書、聽音樂和去旅行。
分享：在北市圖當了好多年說故事志工，現在和太太吳方齡一起在小茉莉親子共讀臉書粉絲頁分享小茉莉早餐和國內外童書資訊。

（知識繪本館）

小兔子學理財1 小兔子學賺錢

Earn It! (A Moneybunny Book)

作者｜辛德絲·麥克勞德 Cinders McLeod　譯者｜顏銘新
責任編輯｜戴淳雅　特約編輯｜堯力兒　美術設計｜李潔　行銷企劃｜陳詩茵

天下雜誌群創辦人｜殷允芃　董事長兼執行長｜何琦瑜
媒體暨產品事業群
總經理｜游玉雪　副總經理｜林彥傑　總編輯｜林欣靜
行銷總監｜林育菁　資深主編｜蔡忠琦　版權主任｜何晨瑋、黃微真

出版者｜親子天下股份有限公司　地址｜臺北市104建國北路一段96號4樓
電話｜（02）2509-2800　傳真｜（02）2509-2462　網址｜www.parenting.com.tw
讀者服務專線｜（02）2662-0332　週一～週五 09：00～17：30
讀者服務傳真｜（02）2662-6048　客服信箱｜parenting@cw.com.tw
法律顧問｜台英國際商務法律事務所 · 羅明通律師
製版印刷｜中原造像股份有限公司
總經銷｜大和圖書有限公司　電話（02）8990-2588

出版日期｜2021年1月第一版第一次印行
　　　　　2024年1月第一版第十三次印行
定價｜320元　書號｜BKKKC163P　ISBN｜978-957-503-709-3（精裝）

訂購服務
親子天下 Shopping｜shopping.parenting.com.tw
海外 · 大量訂購｜parenting@cw.com.tw
書香花園｜台北市建國北路二段6巷11號　電話（02）2506-1635
劃撥帳號｜50331356　親子天下股份有限公司

國家圖書館出版品預行編目資料

小兔子學理財1：小兔子學賺錢／
辛德絲·麥克勞德 Cinders McLeod 文·圖；
顏銘新 譯／
-- 第一版. -- 臺北市：親子天下，2021.01
40 面；20.3X26.7 公分. --
譯自：Earn It! (A Moneybunny Book)
978-957-503-709-3（精裝）
1.理財 2.生活教育 3.繪本
563　　　　　　　　　109019699

立即購買 >

這ㄓㄜˋ是ㄕˋ

邦ㄅㄤ妮ㄋㄧˊ ←

邦ㄅㄤ妮ㄋㄧˊ的ㄉㄜ →
媽ㄇㄚ媽ㄇㄚ

牠ㄊㄚ是ㄕˋ邦ㄅㄤ妮ㄋㄧˊ的ㄉㄜ →
小ㄒㄧㄠˇ狗ㄍㄡˇ， 巴ㄅㄚ克ㄎㄜˋ

這ㄓㄜˋ是ㄕˋ邦ㄅㄤ妮ㄋㄧˊ的ㄉㄜ →
弟ㄉㄧˋ弟ㄉㄧˋ， 兔ㄊㄨˋ尼ㄋㄧˊ

在ㄗㄞˋ兔ㄊㄨˋ子ㄗˇ國ㄍㄨㄛˊ裡ㄌㄧˇ，
胡ㄏㄨˊ蘿ㄌㄨㄛˊ蔔ㄅㄛ就ㄐㄧㄡˋ是ㄕˋ錢ㄑㄧㄢˊ。

每個星期，邦妮帶巴克去散步，
就能賺到1根胡蘿蔔。

每個星期，邦妮唱搖籃曲
哄弟弟入睡，就能賺到
1根胡蘿蔔。

快快
睡～

我不睡～

邦妮好愛唱歌，
她有個大夢想……

我ㄨㄛˇ要ㄧㄠˋ變ㄅㄧㄢˋ有ㄧㄡˇ錢ㄑㄧㄢˊ！

還（ㄏㄞˊ）要（一ㄠˋ）變（ㄅㄧㄢˋ）有（一ㄡˇ）名（ㄇㄧㄥˊ）！

親愛ㄞˋ的ㄉㄜ˙， 那ㄋㄚˋ你ㄋㄧˇ要ㄧㄠˋ
怎ㄗㄣˇ麼ㄇㄜ˙做ㄗㄨㄛˋ到ㄉㄠˋ呢ㄋㄜ˙？

我ㄨㄛ唱ㄔㄤ歌ㄍㄜ！

唱ㄔㄤ～
　唱ㄔㄤ～
　　唱ㄔㄤ～
　　　唱ㄔㄤ～

那麼，你要在哪裡唱歌？

在舞臺上！

還有，你要怎麼上舞臺？

你開車載我去啊！

你知道嗎，邦妮，
兔子並不會一覺醒來
就變有名。

為什麼？

嗯，其實你必須
下點功夫才行。

那我該怎麼
開始呢？

你ㄋㄧˇ可ㄎㄜˇ以ㄧˇ去ㄑㄩˋ
上ㄕㄤˋ課ㄎㄜˋ學ㄒㄩㄝˊ唱ㄔㄤˋ歌ㄍㄜ。

可ㄎㄜˇ是ㄕˋ上ㄕㄤˋ課ㄎㄜˋ
要ㄧㄠˋ付ㄈㄨˋ錢ㄑㄧㄢˊ……

我ㄨㄛˇ想ㄒㄧㄤˇ要ㄧㄠˋ錢ㄑㄧㄢˊ
變ㄅㄧㄢˋ多ㄉㄨㄛ，
不ㄅㄨˋ想ㄒㄧㄤˇ要ㄧㄠˋ錢ㄑㄧㄢˊ
變ㄅㄧㄢˋ少ㄕㄠˇ！

那ㄋㄚ你ㄋㄧ來ㄌㄞ花ㄏㄨㄚ園ㄩㄢ幫ㄅㄤ我ㄨㄛ忙ㄇㄤ，
每ㄇㄟ星ㄒㄧㄥ期ㄑㄧ我ㄨㄛ會ㄏㄨㄟ再ㄗㄞ多ㄉㄨㄛ付ㄈㄨ給ㄍㄟ你ㄋㄧ
1 根ㄍㄣ胡ㄏㄨ蘿ㄌㄨㄛ蔔ㄅㄛ。

遛ㄌㄧㄡˋ狗ㄍㄡˇ　　園ㄩㄢˊ藝ㄧˋ

3

3

3

3
___
12

這ㄓㄜˋ樣ㄧㄤˋ我ㄨㄛˇ一ㄧˊ個ㄍㄜˋ月ㄩㄝˋ可ㄎㄜˇ以ㄧˇ賺ㄓㄨㄢˋ到ㄉㄠˋ

12根ㄍㄣ胡ㄏㄨˊ蘿ㄌㄨㄛˊ蔔ㄅㄛ。

但ㄉㄢˋ是ㄕˋ我ㄨㄛˇ不ㄅㄨˊ會ㄏㄨㄟˋ因ㄧㄣ為ㄨㄟˋ這ㄓㄜˋ樣ㄧㄤˋ

變ㄅㄧㄢˋ有ㄧㄡˇ錢ㄑㄧㄢˊ呀ㄚ！

沒ㄇㄟˊ錯ㄘㄨㄛˋ。
不ㄅㄨˊ過ㄍㄨㄛˋ你ㄋㄧˇ如ㄖㄨˊ果ㄍㄨㄛˇ唱ㄔㄤˋ得ㄉㄜˊ很ㄏㄣˇ好ㄏㄠˇ，
你ㄋㄧˇ可ㄎㄜˇ以ㄧˇ參ㄘㄢ加ㄐㄧㄚ
學ㄒㄩㄝˊ校ㄒㄧㄠˋ音ㄧㄣ樂ㄩㄝˋ會ㄏㄨㄟˋ的ㄉㄜˊ表ㄅㄧㄠˇ演ㄧㄢˇ。

好ㄏㄠˇ吃ㄔ！

但是我不會
因為這樣
變有名呀！

沒錯。
但是如果你
一直唱……

就_{ㄐㄧㄡˋ}會_{ㄏㄨㄟˋ}有_{ㄧㄡˇ}人_{ㄖㄣˊ}注_{ㄓㄨˋ}意_{ㄧˋ}到_{ㄉㄠˋ}我_{ㄨㄛˇ}？

也許吧。
重要的是，你會一天比一天
唱得更好，
慢慢成為優秀的歌手。

我想變成一個很棒的歌手！

所(ㄙㄨㄛˇ)以(ㄧˇ)要(ㄧㄠˋ)練(ㄌㄧㄢˋ)習(ㄒㄧˊ)、練(ㄌㄧㄢˋ)習(ㄒㄧˊ)、再(ㄗㄞˋ)練(ㄌㄧㄢˋ)習(ㄒㄧˊ)！

然後，
如果你一直努力，
多存一些胡蘿蔔，
你就能錄一首歌，
讓很多兔子來買。

然後呢？

然後我就會變得有錢又有名？

然後你就會明白……

那ㄋㄚˋ樣ㄧㄤˋ我ㄨㄛˇ會ㄏㄨㄟˋ
覺ㄐㄩㄝˊ得ㄉㄜ˙很ㄏㄣˇ棒ㄅㄤˋ嗎ㄇㄚ˙？

你ㄋㄧˇ會ㄏㄨㄟˋ的ㄉㄜ。 那ㄋㄚˋ感ㄍㄢˇ覺ㄐㄩㄝˊ就ㄐㄧㄡˋ像ㄒㄧㄤˋ
你ㄋㄧˇ有ㄧㄡˇ錢ㄑㄧㄢˊ又ㄧㄡˋ有ㄧㄡˇ名ㄇㄧㄥˊ
一ㄧˋ樣ㄧㄤˋ的ㄉㄜ棒ㄅㄤˋ！

哇ㄨㄚ－啦ㄌㄚ－啦ㄌㄚ－啦ㄌㄚ－啦ㄌㄚ！

我ㄨㄛˇ學ㄒㄩㄝˊ會ㄏㄨㄟˋ賺ㄓㄨㄢˋ錢ㄑㄧㄢˊ了ㄌㄜ˙！

理財小兔喜歡數數，
也曉得什麼可以數、什麼無法數！

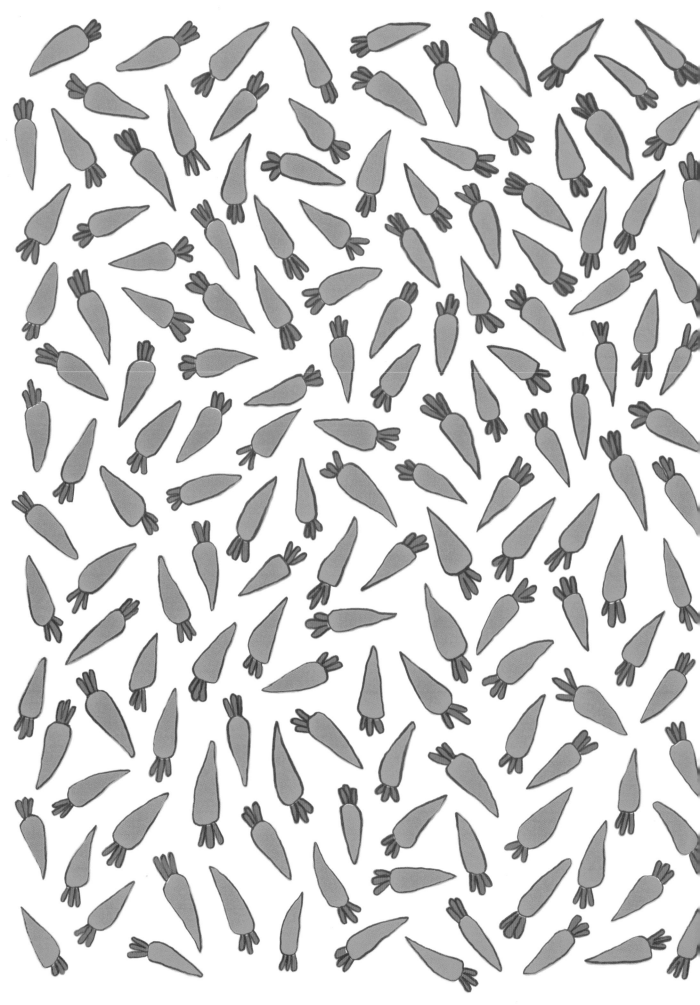